Jutta Streng

Echt schön!

Echt schön!

Beglückt durch meine kosmischen Momente

Jutta Streng

Herstellung und Verlag:

BoD – Books on Demand, Norderstedt
Telefon: +49 (0)40 53 43 35 11
E-Mail: info@bod.de
www.bod.de

Jutta Streng, Mülheim
www.pab-streng.de

ISBN 9783758303678

Widmung:

Meinem lieben Ehemann,
der mir unbeirrt zu meiner Entfaltung treusorgenden Rückhalt schenkt.

INHALT

Vorwort

Ich möchte Dich einladen in das Paralleluniversum meines Lebens. Wir suchen in unserem irdischen Dasein immer nach irdischen Lösungen für unsere Probleme. Dabei werden wir immer detailverliebter, begeben uns in einen Optimierungswahn. Dennoch fühlen wir uns nicht zufriedener, nicht glücklicher.

An dieser Schwelle der Erkenntnis stand ich schon mehrmals in meinem Leben. Erst mit dem Wissen um ein alternatives Universum, dem endlosen Bewusstsein, konnte ich getröstet werden, offenbarte sich Ruhe in mir. Nur dadurch ergaben sich diese heiligen Momente der Leichtigkeit, des Lichts, der überschwänglichen Freude, die man wohl Glück nennt. Ich nenne sie kosmische Momente, weil sie für mich die Verbindung zum alternativen Universum herstellen.

Ich möchte meine Erfahrungen teilen, um die Möglichkeiten, die sich für uns alle daraus ergeben sichtbar zu machen und einfach Freude vermitteln, Frieden stiften. Ich möchte berühren, wie es mein Naturell ist, um die Schönheit des Lebens hervorzuheben.

Es ist ein ganz persönlicher Bericht über die Glücksmomente meines Lebens. Lies, und werde selber glücklich.

Viel Vergnügen.

Jutta Streng

Kapitel 1

Ins Meer der Möglichkeiten eintauchen

Was um Himmelswillen sind kosmische Momente? Wenn Du eine Vorstellung hast, badest Du mit mir bereits im Meer der Möglichkeiten. Immer vorauseilend unser sprudelnder Geist, das feurige Herz und die Schönheit des Lebens im Blut.

Entdecke hier die Milchstraße meiner kosmischen Momente und entwickle dabei ein größeres Gespür für Deine. Dabei gilt es den eigenen Verstand für universelle Kräfte zu schärfen, um ihn dann gleich wieder in die Hängematte zu legen. Lass Dein Herz sprechen. Und wenn Dein Verstand immer wieder in die materielle, diesseitige Welt vorpreschen, logisch argumentieren möchte, will es gelernt sein, ihn wieder einzufangen und neu mit dem Herzen abzugleichen. Raus aus dem stressbestimmten Alltag. Rein in die Magie kosmischer Momente. Sie basieren auf Loslassen. Loslassen als innere Befreiung. Die innere Freiheit bereichert, sie pflegt unser Leben, sie tröstet, sie lindert Leiden, sie beruhig, sie macht uns widerstandsfähiger, sie lässt uns erstrahlen. Außerdem erweitert sie unseren Horizont in Richtung Hingabe und gütiger Achtsamkeit, sie macht uns zu besseren Menschen und uns glücklich. Freiheitliches Loslassen ist kein Trend, keine Neuerscheinung, es ist altehrwürdiges Gedankengut der bekanntesten Lebensphilosophien und berühmtester Lehrmeister aller Zeiten. Zugleich ist es modernste Herzensangelegenheit zum Glücklichsein. Die Glücksforschung ist eine der aktuell aufstrebenden Wissenschaften unserer Zeit. Aber: große Geister vermitteln nicht Wissen, sondern strahlen über Zurückhaltung, innere Ausgeglichenheit und Demut über die Weisheiten der Natur und deren Gesetze. Und das können kosmische Momente auch: sie folgen Naturgesetzen.

Meine ureigenen kosmischen Momente sind Glücksgefühle von Unendlichkeit, eine Auflösung meiner körperlichen Hülle. Sie bewirken eine Ausdehnung meines Selbst, ohne nur ein Gramm zuzunehmen. Seelensnacks für das Menü, was sich Leben nennt. Sie fordern mich auf zum Tanz in die Glückseligkeit. Abheben leicht gemacht.

So liest sich diese Sammlung meiner kosmischen Momente auch wie ein Rezeptbuch für den Sinn des Lebens, ohne schulmeisterlich wirken zu wollen. Ich schreibe sie einfach nur aus Freude. Kosmische Momente können berühren, wie Sterneküche, etwas Besonderes zaubern. Sie können motivieren, sich auf den Weg zu machen.

Ich versuche vergangene kosmische Momente aus meinem Leben einzufangen und werde sehen, die Zukünftigen zeitnaher und damit detailgetreuer wiederzugeben. Einige sind bildhaft festgehalten und bekommen teilweise dadurch erst in rückblickender Betrachtung ihre Bedeutung. So wird diese Auflistung nie vollständig werden und dadurch immer erweiterungsfähig bleiben. Und mit jedem neuen kosmischen Moment der hinzukommt, erstrahlt die Flamme in mir größer, wird mein Geist größer. Ein Licht breitet sich aus. Das fühlt sich echt an, echt schön.

Diese Sammlung entsteht durch die Anregung von unserem besten Freund Hermann, von uns liebevoll Hermi genannt, auf Norderney. Auch so ein schönes ozeanisches Gefühl, wenn ich darüber nachdenke, dass er mich zu der Idee, sie schriftlich zu fixieren, angespornt hat. Hermi, der Entfacher. Zusammen mit seiner Frau Susi waren sie die Überraschungsgäste zum 60-sten Geburtstag meines größten

Schatzes, meiner wichtigsten Inspiration, meines hingebungsvollen Ehemannes. Wir unterhielten uns lose in gemütlicher Viererrunde an der Hotelbar und ich überlegte kurz, ob ich überhaupt davon anfangen sollte oder, ob ich schweigen möge über meine damalige Erkenntnis kosmischer Momente. Sie bewegten mich aber dermaßen, so dass ich mich schließlich traute. Es war befreiend. Wir tauschten uns aus. Wir tauschten sogar bereits kosmische Momente gegenseitig aus. Es ergab sich eine sehr vertrauensvolle Atmosphäre, ein kosmischer Moment im Kleinen. Und Hermi fragte mich abschließend, so beiläufig wie treffsicher „wie", also „auf welche Weise" ich denn die von mir so beschriebenen, in meinem Leben erfahrenen, kosmischen, weil heiligen Momente, sammeln würde. Darauf hatte ich so schnell keine Antwort. Und ich überlegte eine Weile, bis ich es mir selbst eingestehen musste: Bis zu dieser, seiner Frage, hatte ich sie in meinem Herzen bewahrt; wohlwissend, dass ein Bewahren wohl mit allen Sinnen und auf allen Ebenen des Seins stattfindet. Diese großartigen Emotionen in meinem Körper, elektrische Bewegungen, Herzensöffner, Hirnerleuchter, Seelenfriedenstifter, habe ich als detailverliebte, bunte Bilder in meinem Kopf abgespeichert. Für mich liegt genau das Gegenteil von Teufel im Detail. Erst mein Licht auf die Details, meine Hingabe lassen kosmische Momente sichtbar werden. Ich beleuchte mich erneut, sobald ich sie zur notwendigen Tages- oder Nachtzeit wieder abrufe. Sie bereichern meinen Alltag, sie beflügeln mich. Sie zeigen mir den Weg zu den universellen Kräften, der Lebensenergie, was mich in meinen menschlichen Kräftepaaren stärkt, mein Yin und mein Yang harmonisch eint. Sie sind nur über das Loslassen allen Irdischen erreichbar. Sie sind die Harmonie selbst. Sie machen mich einfach glücklich und enttarnen mich als Sammlerin für die schönsten Momente meines Lebens. Und sie lassen die düstereren Momente verblassen, können ihren Schrecken nehmen. Obschon kosmische Momente sich auszeichnen durch ihre Flüchtigkeit, möchte ich sie festhalten, vielleicht gerade darum. Der Bedeutsamkeit in meinem Leben wegen, dem Vergessen entgegenwirkend, finden sie endlich auch schriftliche Aufmerksamkeit. Hermi sei Dank.

Kapitel 2

Diagnose Kosmische Momente

Aus meiner Perspektive sind kosmische Momente der absolute Glücksfall für mich. Wie ist Deine Meinung darüber? Glücksfall oder Diagnose? Brauche ich Medikamente dagegen oder sind sie eine legale Droge für ein erfülltes Leben?

Ich fühle mich nicht unzurechenbar. O.k., doppelte Verneinung, sie könnte Verwirrung stiften. Soll heißen, dass ich mich ganz und gar im Besitz meiner geistigen Kräfte befinde. Und nicht nur das. Erst wenn ich mich meines Geistes besinne und mich durch ihn von allem Irdischen befreien kann, loslasse, mich vollends meiner Intuition hingebe, dann entstehen meine kosmischen Momente. Ja, immer genau dann, wenn ich sie am wenigsten erwarte. Also: keinerlei Erwartungshaltung, das ist ein Diagnosemerkmal. Sie sind damit auch für mich nicht planbar. Sie sind verbunden mit Hingabe, mit Reinheit im Herzen, mit Harmonie. Sie sind immer absolut kohärent mit meinem Herzen. Ich spüre eine innere Zufriedenheit, ein Einssein mit der Natur, mit Gott und der Welt. Mein Herz ist dafür geweitet, ist offen, ist empfangsbereit. Ich befinde mich im Zustand kindlicher Neugierde, wertfrei, positiv gestimmt, handlungsreisend. Ich fühle mich unbeschwert und frei.

Ich stehe nicht allein auf dieser Welt mit den kosmischen Momenten. Sie werden auch Tagträume genannt oder Heureka-Momente, bestes Feng Shui und so weiter. Bin ich also eine Tagträumerin? Ja, wieso nicht, wenn jeder einzelne dieser Momente ein perfekter Moment ist, der mich bereichert, dann bin ich es gern. Es bedarf jedoch keinerlei Perfektion im Sinne des Meisterhaften, im Gegenteil „das Körnchen Salz", ein kleiner Makel, macht sie erst vollkommen. Es bedarf in dem einen Moment einer scheinbaren Symmetrie, so wie auch im Nächsten einer unerwarteten Gegensätzlichkeit. Nichts ist vorhersehbar. Nichts kontrollierbar. Nichts davon wird je vergessen. Es ist ein Gefühl von Schwerelosigkeit, Körperlosigkeit. Zeitlosigkeit. Reinste Magie. Einfach herrlich. Ein Rausch der körpereigenen Apotheke, ganz ohne Risiken und Nebenwirkungen.

Da ich mir noch nicht sicher bin, ob ich nicht doch eine pathologische Spinnerin bin, suche ich nach ursächlichen Zusammenhängen, wie man das eben tut, bei einer vermeintlichen Krankheit. Ich habe in meinem bis dato 56 Jahre währenden Leben schon viele solcher überirdischen Momente erlebt. Aber erst mit dem Verständnis für das „endlose Bewusstsein" (1) und die Lebensenergie auch den „Healing Code" (2), entwickelte ich die Leidenschaft, sie bewusst wahrzunehmen und zu sammeln. Leidenschaft. Schönes Wort. Blödes Wort. Das Verständnis für das endlose Bewusstsein schafft niemals Leiden, sondern größte Freude. Kann es dann etwas Negatives sein? Diese Sammelleidenschaft begann als Symbiose aus dem intensiven Studium der besagten Lebensenergie und dem unausweichlichen Tod meiner Mutter 2017. Es existieren keine Zufälle. Die Verarbeitung und Verschmelzung dieser beiden Themen sind für mich ebenso kosmisch wie selbsterklärend.

So sehr ich meine Mutter auch heute noch vermisse, bin ich ihr sehr dankbar für dieses Geschenk zu ihrem irdischen Abschied. Die harmonische Zeit des gemeinsamen Loslassens von dieser Erde. Das friedvolle Annehmen eines neuen, immateriellen Miteinanders. Erkenntnisse des endlosen Bewusstseins mit ihr. Meine Mutter sowie mein 15 Jahre zuvor verstorbener Vater sind jetzt mehr denn je da, wenn ich sie brauche. Mit ihrem irdischen Abgang und dem noch immer schmerzendem Verlust in meinem Herzen, nehme ich jetzt Dinge intensiver, bewusster wahr, ich bin präsenter. Neu ist auch dadurch, meine bewegenden Gedanken schriftlich zu fixieren. Die Hingabe zum Schreiben ist seitdem ein innerstes Bedürfnis, welches an die Oberfläche gelang. Schreiben ist für mich eine Freude mehr. Freuden empfinden, Hingaben suchen, das sind Zauberworte und Liebstöckel für das Erleben von kosmischen Momenten. Sie verursachen sie. In der Liebe sind wir uns wohl einig, sie alle tatsächlich wahrnehmen zu können, oder nicht?

Kapitel 3

Liebe auf den ersten Blick mit Ansage

Mein erster bewusst wahrgenommener, kosmischer Moment, auch wenn ich ihn damals noch nicht so nannte, stellte mein bisheriges Leben gründlich auf den Kopf. Zunächst war es Liebe auf den ersten Blick.

Türkei 1999. Mittelmeer. Club Hotel. Side. Als Freelancerin und Single bin ich in meiner Urlaubszeit ins Animateur-Team aufgenommen und gehe zur ersten Kontaktaufnahme mit Urlauber*innen auf und ab an den Unterhaltungsstationen des Club-Events. Da erblicke ich, gleich an diesem ersten Abend an der Bar, leicht zurückversetzt, einen gutaussehenden Mann in den 30ern. Er steht allein an einen Stehtisch gelehnt und unterhält sich seitlich mit Freunden. Ich nehme neben ihm stehend schemenhaft wahr, wie eine Fata Morgana, einen ca. siebenjährigen dunkelhaarigen Lockenkopf gleicher Körperkonstitution: schlank und sportlich. Ein viel später gesichtetes Kinderfoto dieses Mannes spiegelt diese Imagination wider.

Ein Gefühl von Geborgenheit kam in mir auf, obschon ich diesen Mann überhaupt nicht kannte. Wir lernten uns über weitere 14 Tage in diesem luftigen Sommer mehr oder weniger gezielt verabredend näher kennen. Es war immer lustig mit ihm, rein platonisch versteht sich. Wenn die meist angetrunkenen anderen Verehrer mir näherkommen wollten, zog er sich zurück. Das machte ihn interessant für mich. Er war nicht der Draufgänger, nicht der laute Schaumschläger-, mein Haus-, mein Pferd-, mein Boot- ... Typ. Er war der Typ Glänzen durch Zurückhaltung, der distinguierte, gepflegte, ruhige Typ. Ganz mein Fall. Ganz mein Glücksfall. Nun ist er seit 2006 mein Ehemann und ich bin heute glücklicher denn je, ihn an meiner Seite zu wissen. Er ist mein Fels in der Brandung. Er ist im wahrsten Sinne der Worte meine bessere Hälfte geworden. Er macht mich zu einem besseren Menschen. Dieser Moment an der Bar hat es ausgelöst. Für mich war es magisch, geradezu kosmisch. Und mit jedem gemeinsam erlebten Tag wächst unsere Magie miteinander. Das ist dann wohl Liebe. Mit ihr nahm mein Leben eine erfreuliche Wendung und eine erfolgreiche Selbstbestimmung, privat wie beruflich.

Es gibt sie also, die Liebe auf den ersten Blick. Nur Mütter wissen es besser.

Ich befinde mich zu diesem Zeitpunkt dieses ersten bewussten kosmischen Momentes ebenfalls in meinen Dreißigern, zumindest in den Anfängen. Ich hatte einen verantwortungsvollen Beruf sogar mit Idealen, also eine Berufung, mit finanziellem Auskommen. Ich stand auf meinen eigenen Füßen. Zugegebenermaßen aber etwas wackelig, weil ich immer wusste, da muss mehr vom Leben zu erwarten sein. Ich wollte die Welt sehen. Ich wollte auch mal Grenzen überschreiten, wollte mich aufmachen, das Leben pulsieren spüren. Gerne auch mit einem Partner an meiner Seite, ja. Dem Sprichwort nach ist Glück das Einzige, was sich vermehrt, wenn man es teilt. Das war mir immer schon klar. Mit Anfang 30 wuchs aber auch der Druck. Die Uhr tickte. Die Fragen in meinem großen Familienumfeld durften gern ein Ende finden: „willst Du eigentlich nicht heiraten, Kinder bekommen, ein Nest bauen, so wie wir?" Als wäre das so einfach. Selbst der jüngste Bruder machte sich bereits vertraut mit Hochzeitsgedanken.

Und ich? Ich hielt an der großen Liebe fest. Sie klebte an mir, wie Kaugummi unter dem Tisch. Meistens unerkannt, aber beim unabsichtlichen Berühren kam die Erkenntnis, das Vergnügen hatte jemand Anderes. Ich habe die Hoffnung trotzdem nie aufgegeben, dass es sie für mich gibt. Ich habe sie mir konkret gewünscht, mit voller Absicht. Und ich habe sie ja dann schließlich auch gefunden. Dennoch, so ab dem kritischen Alter von 30 stiegen in mir doch mehr und mehr Zweifel auf. Meine Mutter zweifelte zu diesem Zeitpunkt nicht mehr. Meine Mutter, wie Mütter das so an sich haben, hatte gewusst, dass ich einen abkriege, wie sie es nannte. Sie hatte es nicht intuitiv gewusst, darauf würde sie sich nicht verlassen. Nein, so eine wichtige Frage stellt frau einer Fachfrau. Sie bemühte eine Wahrsagerin. Meine Mutter war nämlich ebenfalls besorgt, wenn auch nicht zwanghaft. Als Mutter glaubte sie an die Schönheit und Intelligenz ihrer Tochter und war nur langsam, so ca. ab meinem 25sten Lebensjahr, das spürte ich, verwundert über mein Single-Dasein. So beiläufig wie überzeugt berichtete sie mir von ihrem Kontakt dieser Wahrsagerin, da muss ich so 27 gewesen sein. Ja meine Mutter war immer für eine Überraschung gut und irgendwie spirituell unterwegs. Die von ihr aufgesuchte, weissagende Frau behauptete anhand eines Fotos von mir, ich träfe meinen Mann an einem sonnigen Strand in nicht allzu ferner Zukunft. Damit war für meine Mutter die Sorge vom Tisch. Ich war irgendwie beeindruckt, ja zugleich etwas irritiert, als sie mir davon erzählte. Sollte ich meiner Mutter eigentlich böse sein? Ich konnte nicht recht darauf wechseln. Ich verbannte somit dieses Mutter-Tochter-Gespräch als bald. Erst mit der Niederschrift dieses Kosmischen Momentes der Liebe auf den ersten Blick, kommt mir diese mütterliche Ansage, diese Voraussagung wieder in den Sinn, bekommt das Ganze erst überhaupt einen Sinn. Die Weissagung ist in Erfüllung gegangen. Wenn das nicht kosmisch ist?

Neben der zwischenmenschlichen Liebe entstehen kosmische Momente auch gern auf Reisen, in Abwesenheit von Verantwortung und Vorhandensein von Leichtigkeit. In solch einer Stimmungslage passiert dann auch durchaus Erkenntnisgewinn fürs Leben. Schau selbst.

Kapitel 4

Namibia, Entdeckerland für Talente

Dieser nun folgende zweite kosmische Moment in Namibia veränderte mein bis dahin glücklich verheiratetes aber auch durch die Irrungen und Wirrungen des Alltages geprägtes Dasein. Durch ihn lernte ich, kosmische Momente bewusst wahrzunehmen. Er entfachte etwas in mir. Meine unterschwelligen Talente kamen an die bewusste Oberfläche.

Sicher gab es, bis zu diesem Moment, in meinem Leben viele glückliche Momente mit meinen Lieben in der Familie oder den Freunden. Ich sehe mich dennoch generell veranlagt eher angestrengt also nicht so federleicht wie manch andere, aus meiner Sicht, vom Schicksal verwöhnte Menschen, durch mein Leben zu schlängeln. Ich bin vom chinesischen Tierkreiszeichen eine Schlange. Immer wachsam, genügsam zwar und die Weisheit des Lebens im Blut, aber unter Lebensgefahr, für mich und meine Lieben, durchaus manchmal bissig. Die Schlange bewegt sich nicht im Rampenlicht, sie lebt und wirkt im Verborgenen. Sie assimiliert in ihrem Umfeld. Um so erstaunlicher ist dieser erlebte kosmische Moment 2018, der mich mehr als glücklich gemacht hat. Da bin ich bereits 53 Jahre jung. Ich bin in einer Lebensphase, diese sinologisch, astrologisch vorherbestimmte Weisheit in mir, zum Vorschein kommen zu lassen. Motiviert durch einen fundierten Berufsabschluss, gekrönt mit zwei akademischen Titeln zum Diplom und Master. Das alles beflügelte mich, die gelernten Theorien über die Lebensenergie auch in meiner Freizeit wahrzunehmen und die damit begründete Kunst meiner Hände zu akzeptieren, zu benennen und zu manifestieren. Aber gibt es sie wirklich diese Energie in den Händen und dann in meinen? Ist da wirklich ein Talent in meinen Adern? Mit diesen ewigen Zweifeln in mir, begegnete mir dann: ein Pferd.

Die Geschichte dazu:

In einer Gruppe von ca. 30 Busreisenden erlebte mein durch meinen ersten bewussten kosmischen Moment an mich gebundener Ehemann mit mir zusammen eine unvergessliche Reise durch das ferne Namibia. Ein tolles Land. Diese Vielfalt an Farben, diese ungewöhnlichen Geräusche und Gerüche, diese unendliche Weite, die wilden Tiere, die trotz unserer brutalen deutschen Geschichte vor Ort herzlichen Menschen. Namibia hat mich neugierig gemacht. Ein Ausflugsziel dieser Reise stand auf dem Programm, vielleicht auch nur ein Bus-Stopp auf der Fahrt durch die Namib-Wüste Richtung Lüderitz. Wir sollten Rast machen an einer künstlich angelegten Wasserstelle für eine Wildpferde-Population. Diese wilde Rasse von Pferden stammt ab, von den durch deutsche Soldaten hinterlassenen Pferden der unsäglichen Kolonialzeit. Sie hat sich der Namib angepasst und kämpft so unter kärgsten Bedingungen ums nackte Überleben. Sie zu sehen, mit ihnen am selben Ort, zur selben Zeit sein zu dürfen – eine wahre Besonderheit. Und tatsächlich, die Pferde waren da.

So kam es, wie es kommen musste. 30 gackernde Tourist*innen strömten aus dem Bus und auf die routinierten Überlebenskünstler ein. Diese ca. ebenso vielen Tiere zeigten zwar Wachsamkeit, aber grasten mit gebotenem Abstand gelassen um die Wasserstelle. Ich, die Schlange, hielt ehrfürchtigen Abstand, damit die Pferde nicht allzu sehr verschreckt würden. Und eh ich mich versah, stand plötzlich und unerwartet eines dieser wilden Pferde kaum einen Meter von mir entfernt.

Dieses Pferd kommt gesenkten Hauptes weiter auf mich zu. Es hat keine Angst vor der Schlange, ganz im Gegenteil. Wir behalten beide, ehrfürchtig dem Anderen gegenüber, die Häupter gesenkt. Es zeigt mir seine volle Breitseite. Ich sehe klaffende Wunden, frische Narben, alte Narben, über den ganzen Körper verteilte Narben. Bisswunden, Kampfspuren. Mein Mitgefühl kennt keine Grenzen. Und wie es meine Natur ist, ohne Überlegung, ohne Eigennutz, wollen meine Hände intuitiv diese Narben begreifen, behandeln, pflegen. Meine Hände tun es von ganz allein in diesem Moment. Wir stehen da, vielleicht 15 Sekunden oder waren es 15 Minuten? Ich kann es nicht bemessen. Wir genießen völlig losgelöst von Raum und Zeit, diese kosmische Einheit. Wir sind in grenzenloser Harmonie vereint, nichts existiert um uns herum, die Welt ist nur geschaffen für diesen einzigartig kostbaren Moment. Ein gleißendes Licht umhüllt uns, wie ein Sonnenball der uns zusammenhält und beschützt, gelb im inneren und in seiner sich entfaltenden Hülle immer größer und weißer werdend, dem Universum entgegen fiebernd, es aufsaugend. Wir sind bedeutungsschwanger verschmolzen mit ihm im Diesseits wie im Jenseits. Es ist ein Schwebezustand zwischen hüben wie drüben. Unermesslich schön.

Es gibt ein Foto dazu (s. Foto 1), welches aber nicht im Geringsten die Magie dieses Momentes einfangen konnte.

Plötzlich ist diese Stille um uns vorbei, der kosmische Moment vorüber. Im diesseitigen Universum wieder auf dem sandigen Boden angekommen, trottete das Pferd etwas irritiert, wie ich auch, von dannen. Ich beobachtete, dass es stoppte, es erneut ein paar Schritte auf mich zuging. Wir konnten nicht voneinander lassen. Dennoch, der kosmische Moment war definitiv vorbei.

Das Pferd hatte ganz natürlich diese Magie wahrgenommen. Es hatte meine Hände gesucht und empfangen. Die Kunst und die Kraft, die von ihnen ausgeht, mir offenbart. Es ging dann tatsächlich wieder seines Weges. Alle realen Gegebenheiten waren wieder präsent und wir gingen zurück zum Bus. Und da stand ich nun, völlig überwältigt von diesem harmonischen Moment. Alle Mitreisenden beglückwünschten mich und gratulierten, dass ich einem Tier so nah kommen durfte. Mir war völlig entgangen, dass unsere kosmische Einheit in der Reisegruppe Aufmerksamkeit erregt hatte. Eine Pferdenärrin unter den Reisenden schien fast ein wenig neidisch, dass ihr nicht solch ein Moment vergönnt war. Ich war peinlich berührt. Es war ja kein Kunststück, was ich da vollzogen hatte. Es ist einfach passiert. Diese zwar nett gemeinte, dennoch völlig unangemessene Anteilnahme in der irdischen Realität des Diesseits und diese heilige Zeit mit diesem überlebenswilligen wilden Tier im alternativen Universum, waren für mein zartes Seelchen einfach zu viel. Ich sank neben meinem Mann auf meinen Sitzplatz im Bus und fing an zu weinen. Es waren Tränen vor Glück, Überwältigung und Irritation zugleich. Mein Mann verstand mich. Ohne Worte hielt er tröstend und selbstverständlich meine Hand. Wieder ein Beweis unserer großen Liebe. Ein Beweis für einen kleinen kosmischen Moment im Großen! Das aber nur am Rande.

Wieviel Demonstrationen meiner Energiearbeit mit den Händen benötige ich nun noch, um meine Lebensbestimmung, mein Talent demütig in vollem Umfang anzunehmen und weiter zu pflegen? Die Kraft meiner Hände ist existent. Hadere ich nicht mehr im Alltag damit! Nutze ich dieses Talent, solange es mir geschenkt ist!! Und lebe danach!!!

So wie ich unseren Freund Hermi als Entfachenden verstehe, die kosmischen Momente schriftlich festhalten zu wollen, so war es dieser kosmische Moment, der in mir den Wunsch auslöste, sie zunächst imaginär zu sammeln. Ich sehe es heute nicht mehr als Privileg, sondern als Verpflichtung, sie in meinem Leben anzustreben und anzusammeln. Sie transformieren mich zu einem besseren Menschen, auch wenn ich gerade nicht im kosmischen Moment manifest bin. Und eine große Freude ist es ja, wie bereits erwähnt, allemal.

Kapitel 5

Die Natur im Kleinen bewirkt Großes

Kosmische Momente müssen nicht immer im großen Urlaub passieren. Meistens finden wir sie im Kleinen, besonders in der Natur im häuslichen Umfeld. Jederzeit. Solch erlebte kosmische Momente im kleinen Garten bewirken dann Großes. Wie dieser Moment:

Frühjahr 2022. Ein entspannter Freitag mit Gartenarbeit. Das Resultat meines Gartenschnittes (s. Foto 2): ein Fliederstrauß für das Esszimmer. Ein Ergebnis erschöpfender, schöpferischer Gartenarbeit. Wunderschön und völlig kostenlos. Ein künstlerisches Stillleben, wie dahingezaubert. Dieses Gefühl, in diesem Moment kosmisch geküsst zu sein, bewirkte in mir eine unvergleichliche innere Zufriedenheit. Es breitete sich ein Lächeln weit über mein Gesicht hinaus aus. Und trotz dieser anstrengenden Knochenarbeit im Garten fühlte ich mich leicht und locker. Körperlos schwebte meine Seele den restlichen Abend durch die heimischen, fliederduftbestäubten Räume und hoffte, nicht als Hausgespenst entlarvt zu werden. Glück kann so einfach sein.

Foto 2 Ergebnis erschöpfender, schöpferischer Gartenarbeit

Kapitel 6

Hongkong und der Taoismus

In unserer pragmatisch analysierenden Welt mögen wir gern solche Phänomene wie kosmische Momente in eine Struktur bringen, um sie besser zu verstehen. Mir ging es jedenfalls so. Kosmische Momente aber genau zu analysieren, ist wohl unmöglich, da der Kosmos einfach unendlich ist. Der Taoismus spricht von Energien, die, leider unsichtbar, den Kosmos mit uns Menschen verbinden. Diese Vernetzung mit Energien spürte ich ganz deutlich in Hongkong. Lies also hier meinen Versuch, kosmische Momente in ihrer Unendlichkeit körperlich einzufangen und damit zu ergründen.

Da wo Unendlichkeit herrscht, ist auch mindestens ein Punkt im Kosmos zu fixieren. Das gebietet uns die Teilchen-Antiteilchen These. In allem wirkt auch sein Gegenteil. Ein fixer Punkt im unendlichen Kosmos ist wohl der Erdmittelpunkt. Dazwischen gibt es aber auch viele andere Fixpunkte z. B. in allem Lebendigen. Wir Menschen also sind Fixpunkte, weil wir aus dem Stoff Kosmos gemacht sind. Wir sprechen von Körper, Geist und Seele, die uns ausmachen. Der Körper ist der Fixpunkt und Geist und Seele dienen als Verbindungsschichten, wir könnten sie auch unsere Aura nennen. Schauen wir, ob der Taoismus uns weiterhelfen kann, unsere kosmische Verbundenheit zu analysieren.

In der Flut von beiläufigen Fotos, die ich heutzutage mit allem technischen Equipment so produziere, finde ich hin und wieder etwas Kosmisches. Können Fotos die Momente der Magie von etwas Kosmischem einfangen? Sie bilden doch nur Irdisches ab, oder doch nicht? Ein Foto von einem vielleicht schönen, dennoch nicht gerade überwältigenden Moment, bewirkt dann plötzlich einen „Wow-Effekt". O. k., ja. Das liegt wohl in meinen Augen, in den Augen als Betrachterin. Ich schaue mir das Foto an und bin gebannt, schaue immer nochmal hin und erkenne mehr und mehr die großartige Energie dahinter. Ich kann mich nicht losreißen. Da kommt wieder das Leichtwerden in mir hoch. Der kosmische Moment ist da. Das ist Kunst für mich. Sie beflügelt mich. „Das Gelingen eines Kunstwerkes ist eine Sache absoluter Freiheit" (Thomas Lehnerer 1993). Und ist Freiheit nicht „das Loslassen", worüber ich kosmische Momente definiere?

Kosmische Momente formen eine Einheit. Früher hätte ich wohl pauschal gesagt, dass sie eine Einheit bilden von Körper, Geist und Seele derer, die sie empfinden. In kosmischen Momenten befinden wir uns in völliger Harmonie von Körper, Geist und Seele. So treffend die Beschreibung auch heute noch ist, so abgegriffen ist sie auch. Wir nehmen die Bedeutung dieser Einheit nicht mehr wahr, sie klingt abgedroschen, aus der Zeit gefallen. Aber die universelle Weisheit alles Kosmischen ist zeitlos, hat Bestand für immer und ewig, ist einfach wunderschön. Bringen wir also mehr Licht auf die menschliche Dreifaltigkeit in kosmischen Momenten.

Wir dürfen uns dabei inspirieren lassen von der Anatomie menschlicher Energien. Diese Energien sind Bewegungen in uns. Bewegungen ganz unabhängig von körperlicher Bewegung. Sie werden durch Emotionen ausgelöst. Emotionen sind Erfahrungen aus unserer Vergangenheit, welche im Gehirn abgespeichert sind. Elektrische Reizweiterleitung macht es möglich, erfahrene Emotionen jederzeit wieder abzurufen, in Bewegung zu bringen.

Emotionen, finde die Übersetzung. „E" für elektrisch und „motion" für Bewegung. Durch einen äußeren Reiz empfinden wir über unsere Wahrnehmungskanäle beispielsweise einen erhöhten Herzschlag, ein Kribbeln im Körper, einen Rausch, eine Euphorie, einen Seelenfrieden. Wir fühlen uns berührt. Manchmal wird dies durch körperliche Berührung ausgelöst, ja. Aber darüber hinaus kann uns ein Lächeln, Kunst, Musik, ein Tier, die Natur etc. ebenfalls berühren. Körper, Geist und Seele fühlen sich gemeinsam berührt, ganz ohne eine körperliche Berührung also. Alle erfahrenen Emotionen, Berührungen und Bewegungen im Inneren sind existent und existenziell. Sie helfen uns einzuordnen, was gut und was böse ist. Wir werten. Das macht unser Leben einfacher, es gibt uns Struktur. Allerdings schränkt es uns auch ein.

Kinder haben noch keine lange Vergangenheit, daher werten sie auch weniger. Sie sind noch unbeschriebene Blätter. Das kindliche Gehirn, ihre Festplatte, hat noch keine zielgerichtete Funktion bekommen. Das macht sie frei, frei für Neues. Ihre Aufmerksamkeit lässt sich von ihrem Interesse, ihrer Freude lenken. Daher können sie sich im Spiel gänzlich verlieren. Zum häufigen Ärgernis ihrer Eltern sind sie auch losgelöst von Raum und Zeit, losgelöst von Regeln und Disziplin. Dennoch, sie sind losgelöst. Wie schön. Sie leben den kosmischen Moment. Sie bereichern sich damit. Und uns ebenso, weil sie Glück ausstrahlen. Von den Kindern lernen wir, dass unsere Aufmerksamkeit auf Dinge Energien in uns in Bewegung bringen.

Die „Energien folgen meiner Aufmerksamkeit" (3). Lenke ich meine Aufmerksamkeit auf etwas Schönes, glücklich machendes, bekomme ich die entsprechende Energie dazu. Ich werde noch schöner und glücklicher, wie in einem kosmischen Moment. Wenn ich meine bedingungslose

Aufmerksamkeit auf Alles lenke, bekomme ich Alles. Alles was ich möchte. Das ist „the secret" (4), das Geheimnis der selbsterfüllenden Prophezeiung. Lassen wir Wünsche Wirklichkeit werden.

Für kosmische Momente lasst „Kinder an die Macht" (5). Wenn wir nicht werden wie die Kinder, bleiben wir in unseren Glaubenssätzen verankert, schränken wir uns mehr und mehr ein. Wir werden beschränkt, unbeweglich, in Körper, Geist und Seele. Dies sind auch bereits Anregungen neuer wissenschaftlicher Erkenntnisse psychologischer Untersuchungen. Wer das innere Kind wach hält, hat die Fähigkeit gewohnte Denkmuster verlassen zu können, Neues zu rekrutieren. Wir werden damit altersunabhängig widerstandsfähiger.

Das kindliche Gemüt schafft es Körper, Geist und Seele als Einheit zu verstehen. Diese Einheit kann eine anatomische Sichtweise zur Entstehung kosmischer Momente darstellen. Eine weitere konkretere Belichtung auf die Anatomie jedes Menschen, der kosmische Momente aufnimmt, bietet eine alte Lebensphilosophie, der Taoismus. Die taoistische Sichtweise zur Natur des Menschen, beschreibt Schaltstellen für das Empfinden von Energie. Kosmische Momente an unserem Körper sind eben pure, reinste Energie. Die Schaltstellen liegen an unserem Körper, genauer gesagt an unserem Rumpf. Es sind für mich nicht unbedingt die sieben Chakren aus dem Ayurveda. Es sind viel spürbarer die drei Dan Tians (chines. dan: Körper, tian: Himmel), die es uns ermöglichen, kosmische Momente wahrzunehmen, zwischen Körper und Himmel zu sammeln, um wiederum dann den Kosmos damit zu bereichern. Sie sind Himmelsenergien, die wir uns in unseren Körper, herunterladen können. Und dafür gibt es ganz konkrete Körperregionen. Ein gleichzeitiges Strahlen aller drei Dan Tians macht für mich den kosmischen

Moment aus. Der untere Dan Tian liegt unterhalb des Bauchnabels. Wir akzeptieren wohl in unseren Breitengraden des Westens den Begriff: Bauchgefühl. Der Mittlere Dan Tian befindet sich oberhalb des Bauchnabels, uns bekannt als „Solar Plexus", das Sonnengeflecht. Der obere Dan Tian befindet sich am oberen Brustbein. Anatomisch liegt dort unsere Thymus-Drüse. Eines der wichtigen Organe für unser Immunsystem. Das Herzchakra liegt ebenfalls dort. Wir fassen unmittelbar dort mit einer Hand hin, sobald uns etwas erschrickt oder wir von einer traurigen Nachricht erfahren. Aber auch überwältigend schöne Momente finden durch diese Geste Körperlichkeit. „Hand aufs Herz." Mit dem Herzen verknüpft nährt der obere Dan Tian unseren Verstand, unsere mentale Power.

Ist der Reiz quantitativ, wie qualitativ ausreichend für einen kosmischen Moment, dann verbinden sich diese drei senkrecht über unseren Rumpf aufbauenden Energiezonen miteinander und zugleich über das Ereignis auch mit dem Kosmos. Es werden uns aus dem Universum Momente geschenkt, die wir wahrnehmen mit all unseren Sinnen. Über diese drei Dan Tians bekommen wir sie im Körper verteilt. Und über unser berauschend schönes Gefühl können wir die entstandene Harmonie dann wieder an den Kosmos abgeben. Der tiefere Sinn liegt wohl darin, durch tiefgreifend Schönes, ein Wohlbefinden auszusenden. Heureka-Momente werden sie ja deswegen auch genannt. Heureka, aus dem Altgriechischen, meint soviel wie „ich habe (es) gefunden". „Ich habe mich gefunden", könnte es auch übersetzt heißen. Es bildet sich eine tiefgründige Harmonie in uns aus, um selbst eine noch schönere Ausstrahlung zu bekommen und diese nach Außen wirken zu lassen, wieder abzugeben, Harmonie zu verbreiten. Wir sind damit Katalysatoren für alles selbstlos Schöne, alles Gütige. Ist das in Zeiten der globalen Unruhen nicht ein wichtiger Punkt? Ich wünschte ich könnte alle Menschen davon überzeugen, ihre Heureka-

Momente ebenfalls wahrzunehmen, zu sammeln und über ihr gütiges Wirken an das kosmische, uns Allen zugängliche Bewusstsein zu verschenken. Sie sind da. Für alle wahrnehmbar. Die Strahlung wirkt allumfassend seelisch. Wir brauchen nur ein wenig Hingabe, gütige Achtsamkeit für den Moment. Foto 3 machte dies möglich. Mit diesem Foto entwickelte sich in mir erst Schritt für Schritt, in Zeitlupe, durch meinen Körper, solch ein strahlender Heureka-Moment.

Die Sensation dazu:

Donnerstag, 27.04.23, Hongkong.

Wir machen eine Wanderung. Mal wieder mit unseren Freunden, Susi und Hermi, im gemeinsamen Urlaub. Er, der in mir die Sehnsucht für das schriftliche Festhalten der kosmischen Momente entflammt hat.

Wir befinden uns oberhalb der Big Wave Bay, nahe dem südlichsten Zipfel Hongkongs. Unter uns die traumhafte, weißgesandete Badebucht. Wir, mein Traumerfüller und Ehemann, vom Winde verweht, lassen uns fotografieren. Susi macht drei Fotos derselben Szenerie. Nur dieses eine sticht beim Betrachten sofort heraus. Liebe Susi, vielen Dank für Deine künstlerische Ader. Unter Umgehung des Gehirns schlägt dieses Foto (s. Foto 3) sofort in meinen Solar plexus ein. Es breitet sich in mir eine wohlige Wärme tiefer im Bauchraum aus. Mein Bauchgefühl meldet unendliche Liebe für diesen Moment, die bleibt. Sie steigt nach oben. Es erwärmt sich mein Herz. Erst jetzt ist mein Gehirn kohärent mit dem Kosmos. Ich strahle. Da ist er wieder, der kosmische Moment. Mit dem Rauschen der Brandung in den Ohren, dem Salz auf der tropisch feuchten Haut, dem Wind in den Haaren. Der perfekte Feng Shui (chines. feng: Wind, shui: Wasser) -

Moment: die Vereinigung von Wind und Wasser. Das Natürlichste der Welt. Dies wird von unserer einheimischen Reiseleitung noch zuvor ganz Hongkong zugeschrieben: „Das Beste Feng Shui der Welt". Und nun ist es in diesem Moment wahrhaftig manifestiert. Unglaublich? Aber wahr. Heureka! Die Energie meines kindlichen Gemüts und die entsprechende Logistik meiner drei Dan Tians dazu machten es möglich.

Foto 3 Wanderung zur Big Wave Bay in Hongkong
mit dem besten Feng Shui der Welt.

Kapitel 7

Das Licht, die Liebe, das Leben und der Buddhismus

Gehen wir auf die Suche nach dem Licht, der Liebe und dem Leben, können wir uns einstimmen, vorbereiten auf den kosmischen Moment. Aber nur wenn wir uns unseres Leids bewusst sind, gelingt uns diese Suche. Warum das so ist, erklärt vielleicht der Buddhismus.

Nutzen wir unseren losgelösten Intellekt, um in eine Empfangshaltung für kosmische Momente zu gelangen. Wie können wir das anstellen? Nutzen wir doch dafür die uns so vertraut gewordenen Suchmaschinen der neuen digitalen Welt. Auf künstliche Intelligenz, kurz KI, verwenden wir unsäglich viel Energie. Wir legen soviel Hoffnung hinein. Ja, Hoffnung, sie stirbt bekanntlich zuletzt. Mit der entsprechenden Software könnte ich also jetzt schon meinen Beitrag über kosmische Momente, kurz KM, konfigurieren lassen. Ich glaube aber, dass das digital entstandene Ergebnis mittels KI enttäuschend wäre. Kosmische Momente leben durch ihre lebendigen, beleuchteten und platonischen Anteile von Liebe. Liebe ist für mich nicht eine der künstlichen Intelligenz zugeschriebene Eigenschaft, sondern die aller Lebewesen. Nur die Liebe zählt, ja! Also bleibt dann von den drei menschlichen Sinnstiftern: Glaube, Liebe, Hoffnung nur das eine Wort Liebe übrig?!

Es gibt neben der Liebe glücklicherweise noch zwei andere L-Worte, nämlich Licht und Leben. Sie ergeben für mich die aktuell gültigen drei Sinnstifter des menschlichen Daseins: „Das Licht, die Liebe und das Leben" (6). Zugegeben, das ist nicht von mir. Aber es drückt genau aus, in welcher

Verfassung wir uns befinden, wenn kosmische Momente in uns eindringen wollen. Wir beleuchten einen Moment, den uns das Leben schenkt im hier und jetzt und mit hingebungsvoller Liebe wird er zum Leuchtturm des Glücks in uns. Also „verkehrte Kriegsführer*innen, einfältige Nörgler*innen, übermotivierte Querdenker*innen, wollt ihr ausgeschlossen werden von kosmischen Momenten, so macht unruhig und düster weiter." Und alle anderen seien vorgewarnt: „Vorsicht bei der Berufungswahl von kosmischen Momenten, Ihr könntet plötzlich glücklich werden."

KI ist auch sehr nützlich. Mit ihrer Hilfe bekommen wir mehr Zeit für die wesentlichen Dinge im Leben. Es bleibt mehr Zeit und Energie für die KM. Nutzen wir unsere Energien, empfangsbereit zu werden, zu sein und zu bleiben für die KM. Wir verändern uns damit selbst und unser Umfeld positiv. Bereichern wir uns also immer mit KM.

Wir wollten ja in unserer Geisteshaltung frei und neugierig werden für KM. Die beste Vorbereitung, damit kosmische Momente auf uns einwirken können, ist uns echt, neugierig, ja kindlich in den Entdeckungsmodus für den Moment zu transformieren, das bereits oben erwähnte kindliche Gemüt bewahren. Wer hat uns eigentlich gesagt, es jemals abzulegen? Das Bewahren geht, trotz der vielen Alltagssorgen, die uns alle plagen. Auch hier könnte ich wieder sagen, nur weil wir so leidensfähig sind, erreichen wir diese heiligen Momente des Glücks. Warum das so ist, zeigt mir der buddhistische Weg.

Vier edle Wahrheiten werden im Buddhismus gegangen. In vereinfachter Darstellung besagt die erste Wahrheit, Dukkha, dass alle Lebewesen, wirklich alle, von Leid, Unzufriedenheit und Unglück geplagt sind. Wir sind alle von Leid geprägt wie

40

eine Münze, eine Medaille. Dort wo die eine Seite der Medaille Leid eingeprägt bekommen hat, ist auf der anderen Seite Glück. Drehen wir doch die Medaille um. Der Buddhismus erklärt uns mit den drei weiteren Wahrheiten, wie das Umdrehen gelingt. Im Samudaya gehen wir auf die Suche der Wahrheit über die Ursache des Leidens. Also wir tolerieren Leid, ja, aber. Wir suchen nach ihrer wahren Ursache. Danach machen wir uns auf zur Wahrheit der Beendigung des Leidens, Nirodha genannt. Und im Magga schließlich, finden wir die Wahrheit des Weges zur Beendigung unseres Leids. Ach das klingt alles wieder so einfach und doch schwierig zugleich. Wagen wir uns zur Konkretisierung an ein Beispiel der Erkenntnis über diese vier Wahrheiten. Nehmen wir das Leid einer chronischen Erkrankung mit Hitzezeichen, wie die der Neurodermitis. Ich bin selbst davon betroffen und werde es immer bleiben. Heute bin ich dankbar dafür und symptomfrei. Ich erwähne es hier, weil die Selbstheilung, nach dem langen Leidensweg, den ich durchgemacht habe, für mich magisch ist. Ohne das alternative Universum und meine kosmischen Momente wäre ich nicht genesen.

Betroffene kennen das Leiden. Blühende Haut, Juckreiz bis zum Bluten, innere Unruhe, introvertierte Scham über diese selbstzerstörerische Zügellosigkeit des Kratzens, aggressives Negieren von Hilfsangeboten, grenzenlose Traurigkeit über die eigene Hilflosigkeit, krampfhaftes Festhalten an exotischen Lösungen, stetig wechselnde Glaubenssätze, etc. Was um alles in der Welt kann helfen? Schulmedizinisch verordnete Salben, Cortison-Gaben, Kuren, psychologische Betreuung, Ernährungsvorschläge. Ja, das ist hilfreich. Aber ist es auch die Lösung? Die Auflösung des Leidens? Nach der buddhistischen Lehre haben wir Dukkha erreicht, wir haben ein offensichtliches Leiden. Die wirklich wahre Ursache im Samudaya, kennt nur die betroffene Person. Die Medizin kann auf die Sprünge helfen, aber verantwortlich bleibt das Ich allein. Damit soll keine Schuldzuweisung gegeben werden, Aufklärung ist das Ziel. Es seien hier einzelne Ursachenbeispiele erwähnt, alle Betroffenen wissen es besser. Mögliche Ursachen: Die ach so üblen, vermeintlich unveränderbaren Gene, der Stressfaktor Arbeitsleben, der Stressfaktor Familie, der Stressfaktor Partnerschaft, der Stressfaktor Ernährung, der Stressfaktor so und so. Finde den Fehler. "Wir machen uns die Welt, wie sie uns gefällt" (7), leider auch im Negativen. Wir sind die Ursache. Spätestens jetzt können wir uns auf den Weg des Nirodahs machen. Nur wir können das vermeintlich endlose Kratzen selbst beenden. Sicher können wir unsere Lebensweise verändern. Zwischen Wunsch und Wirklichkeit müssen wir das auch. Es ist unsere Verantwortung für unser Leben. „Nicht die Medizin heilt, sondern die Natur" (lat. medicus curat, natura sanat).

„Du bist das Placebo" (8). Nur Du kannst Dich auf den Weg machen, Dich wandeln, Dich erfreuen (lat. placebo, ich werde erfreut sein). Die Haut, unser oberflächengrößtes Organ, unsere Schutzhülle gegen Reibungen von außen will gepflegt werden. Sie zeigt unser Seelenleben. Beides, Haut und Seele, muss gepflegt werden. Die Haut bedarf ganz praktisch Pflegeprodukte von außen, wie schulmedizinisch empfohlen. Aber eben auch gefühlsechte Berührungen der Haut ohne ungewollte Übergriffe sind wichtig. Pflegeprodukte von innen, gesunde reizarme Ernährung gepaart mit gütiger Achtsamkeit im Geiste, all das ist bedeutsam. Entwicklung von belustigender Selbstironie und aufrichtigem Selbstbewusstsein gehört dazu. Dabei ist jede gewünschte Hilfe von außen erlaubt. Zusätzlich darf ein Vertrauen auf die eigene Intuition nicht fehlen. Neurodermitisgeplagte sind oft hochsensible Menschen, mit einem direkten Draht zu natürlichen Kräften. Allerdings besteht damit immer die Problematik zwischen Nähe und Distanz. Die Schutzhülle ist zart, durchlässig für Energien jeglicher Art. Eine Aufklärung in Richtung der Fünf-Elemente-Lehre wäre wichtig. Das Metall-Element ist in Gefahr. Diese Ursachenzusammenhänge können das Leiden beenden.

So habe ich es geschafft, nach Mekka zu gelangen; Quatsch, nach Magga, natürlich. Ich habe mich auf den Weg gemacht. Ich habe an der Wahrheit über den Weg zur Beendigung meines Leidens gearbeitet. Das heißt, es war ein stetes auf die Suche gehen und wird es immer bleiben. Nur der Wandel war dabei beständig, der Weg das Ziel. Meinen Weg heute gehe ich weiter mit der Wahrheit über meine wirkenden Hände. Meine schriftstellerische Ader beschreitet den Weg des geistigen Arbeitens, dem Schreiben. Beides fordert und fördert Hingabe in mir, weil es Freude bereitet. Offenbart wurde es mir mittels meiner kosmischen Momente. So einfach ist Gesunden.

Was ist Deine Passion? Wie sieht Dein Weg aus? Wenn wir den Weg gehen in Richtung Loslösen von Kummer und Leid, spielerisch uns hinwenden zu den daraus entstehenden Chancen, dann sind wir bereit für leuchtende, liebende, lebendige, kosmische Momente. Sie sind Offenbarung und zugleich Wegbereiter für neue kosmische Momente. Begeben wir uns in den sorglosen Reigen, tanzen wir in den Himmel hinein. „Lila ham" ist unter anderen ein ayurvedisches Glücksprinzip und bedeutet soviel wie „ich bin verspielt". Mögen also die Spiele beginnen.

Kapitel 8

Das Chinasyndrom

Der geneigten Leserin, dem geneigten Leser möge aufgefallen sein, dass mir meine kosmischen Momente immer in eher losgelöst spielerischen Phasen wie in der Freizeit oder viel mehr im Urlaub widerfahren. Sicher ist es zu dem Zeitpunkt leichter, da wir uns entspannen können. Spielen ist Entspannung. Entspannung ist eine gute Voraussetzung für KM. Entspannungstechniken gibt es viele. Sie sind ein perfekter Einstieg. Entspannungstraining ist demnach auch ein gutes Mittel auf dem Weg zu kosmischen Momenten. Es gilt aber auch darüber hinaus Anderes dafür zu trainieren. Mein Chinasyndrom hat es mir bewusst gemacht.

Wir könnten nämlich außerdem meinen, mein Mann, Familie oder Freunde müssten immer anwesend sein. Sie sind auf jeden Fall Begleitung und oft auch Wegweiser.

Dennoch gibt es auch kosmische Momente ohne ihre Anwesenheit. Weder Entspannungstraining, noch Familie oder Freunde müssen anwesend sein. Denn der KM bedeutet, ganz in sich zu ruhen, unabhängig jeglicher äußeren Beeinflussung zu sein. Zu sein, das ist es! Alle bisher beschriebenen kosmischen Momente sind schon ein Beweis dafür. Folgendes weiteres Beispiel zeigt, dass ich dabei nicht auf die Suche nach Entspannung gehen muss. Ich trainiere im Schatten Wertfreiheit.

China 2016. Nanning. Hauptstadt der südlichen Provinz Guangxi. Studentenleben der besonderen Art. In einer kleinen

Gruppe von Deutschen hatten wir uns aufgemacht, die TCM, die Traditionelle Chinesische Medizin, näher zu ergründen. Für Drei Jahre, aufgeteilt in insgesamt sieben dreiwöchige Aufenthalte. Dritter Aufenthalt. Ich war bereits geübt im Jetlag verarbeiten. Das hektische Leben zwischen acht Millionen Einwohner*innen und ebenso vielen Scootern, dieser so unbekannten, wie weit entfernt von komfortablen Großstadt Nanning, war mir annähernd vertraut. Soweit die Füße uns trugen, waren sie unser bestes Transportmittel. Ob Frühling oder Herbst, die Luftfeuchtigkeit lag bei 70-90 Prozent, 30 Grad Lufttemperatur waren keine Seltenheit. Die Sonne untröstlich wolken- oder smogverhangen. Fremdartige Gerüche, ungewöhnliches Alltagsleben. Blitzgewitter öffentlicher Kameras überall: in den Straßen, Geschäften, in den Restaurants. In der Universität. In den Kliniken. Im Hotelzimmer? Wir vermuteten es. Big Boss was watching us. Überall lauerte wildes Gebaren. Alle meine Fühler waren ausgefahren zum Überleben. Das Leben pulsierte ruhelos in meinen Adern. Hatte ich mir das Welterobern so vorgestellt? Ich hatte dort Stress, und er war weit entfernt von Eustress. Ich fühlte mich weit entfernt von allem Vertrauten. Hinzu kam ein enges Aufeinanderfixiertsein von meist 10 geduldeten Gesichtern, was nicht immer konfliktfrei ablief. Wir Deutschen bildeten keine freiwillige Gemeinschaft. Unser gemeinsames Interesse an der TCM schweißte uns zusammen. Aber eben nur das. Schwitzen aus den unterschiedlichsten Gründen war eine Art Dauerzustand. Donnerzustand. Dämmerzustand. Auch wenn die fachlichen Eindrücke als unbedingt informativ und spannend zu bewerten waren, so empfand ich die Begleitumstände in China bis zu dem Zeitpunkt als durchaus negativ.

Und wenn Du glaubst es geht nicht mehr, kommt von irgendwo ein Lichtlein her. Diesmal fuhren wir komfortabel, aber nicht minder spannend, erstmalig und einmalig, mit dem

Privatauto unserer Interpreterin Li Ling. Unsere Begleiter*innen vor Ort wurden nicht Dolmetscher*innen genannt, weil sie nicht nur von den uns zugeteilten Professor*innen und Lehrer*innen übersetzten, sondern eben fach- und sachkundig interpretierten. Sie bildeten eigene Erklärungen, Beispiele, um das traditionelle wie moderne Leben ihres Umfeldes uns näher zu bringen. So diese Autofahrt. Ein seltener Anblick in diesen chaotisch schmutzigen Straßen. Ein neuwertiger, weißer Golf. Volkswagen. Statussymbol. Ganzer Stolz einer chinesischen Studentin, welche diese, unsere Interpreterin ja auch verkörperte.

Li Ling war zurückhaltend, leise, weise. Sie sprach perfektes Englisch und wirkte durch hingebungsvolle Taten. Sie war eine bescheidene Kommilitonin und rücksichtsvolle Lehrerin für uns. Der Volkswagenstolz war nur ein kleiner Teil ihrer Identität. Sie strahlte den Stolz auf alles in ihrem Leben aus. Ihr unaufdringlicher Stolz in Person beleuchtete in einem Moment den Volkswagen, im nächsten ihre einfache Kleidung. Sie lebte einen Stolz im Verborgenen, der die gut situierte Herkunft verrät, aber nicht laut angibt. Dieser ganze Stolz bewegte sich wellengleich durch das komplett wuselige Verkehrschaos. Unser Ziel: ein Klinik-Parkhaus. Respekt. In diesem Verkehrschaos. Angekommen. Und nun passierte es. Wir drei deutschen Mitfahrerinnen verließen den blitzblanken Wagen. Die Fahrerin organisierte sich noch im Innenraum. Das Parkhaus, wie wir feststellten, ein riesiges rostiges Stahlmonstrum. 10 oder 12 Stockwerke. Und es war nicht allein. Um uns herum weitere monströse zu Parkbuchten formierte Hochbauten. Um uns herum? Um mich herum. Irgendwie hatte ich mich in diesem Innenhof von Parkhäusern, irgendwo im Nirgendwo verlaufen. Ganz gegen meine Gewohnheit wurde ich nicht innerlich panisch. Ich weiß nicht warum.

An diesem dunklen, hässlichsten, verlassensten Ort der Welt, mehr als 13.000 Kilometer von meiner Heimat entfernt, stand ich allein und löste mich in Wohlgefallen auf. Halb wurde ich gezogen, halb gab ich mich hin. Ich nahm mich im letzten irdischen Moment noch leicht und groß zugleich wahr und dann verschwammen meine Konturen. Meine Hülle löste sich auf. Meine Körperpixel verglühten angenehm im hellsten Licht. Ich war eins mit der Welt, ein übergroßes Verschmelzen mit dem Kosmos. Ich flog. Nur langsam setzten sich meine Einzelteile wieder zusammen, verringerten sich wieder auf meine Körpergröße von 1,68 Meter. Ich war wieder auf dem Boden gelandet.

Was blieb war eine wohlige Leichtigkeit in mir, die mir aus Kindheitstagen so vertraut, für das Erwachsenwerden irgendwie abtrainiert wurde. Die Stahlparkhäuser waren nicht hübscher geworden.

Was war das denn für ein Trip? Welche Droge hatte ich denn am Morgen mit dem Reisbrei eingenommen? Keine Droge im strafrechtlich gefährdenden Sinne, nur die Droge Leben. Im Rausch des Lösgelöstseins. Warum hier? Warum jetzt? Meine Reisebegleitung fing mich wieder ein. Wir funktionierten wieder in der Rollenverteilung Studentinnen – Interpreterin. Sie nahmen mich berauscht wahr, fragten aber nicht weiter. Sie werden gedacht haben: „Jutta halt. Sie wirkt eben immer ein wenig eigen."

An den Tag in der Klinik kann ich mich nicht weiter erinnern. Für die Wissensecke in meinem Gehirn, die ausgerichtet war auf medizinische Kenntnisse, mag das sträflich gewesen sein. Für die Weisheitsecke aber, war die anhaltende Euphorie über diesen kosmischen Moment ein absoluter Hauptgewinn.

Lesen wir nun den Versuch, der Wahrheit dieses Weges zur Beendigung meines eigenen Chinasyndroms auf den Grund zu gehen:

Dieses mein eigenes Chinasyndrom steht für mein tiefgründig hässliches, beängstigendes, einsames, trauriges, wütendes, heiß diskutierendes, brodelndes Innerstes. Ich habe sie mir immer angezogen, aufgesogen, mir glaubhaft aufgesagt: Diese Eigenschaften, und nur diese Eigenschaften, sind mir eigen. Nur sie machen mich aus. Mein Leben bestand bis zu diesem berauschend kosmischen Moment daraus, meine, nenne ich sie mal vereinfacht, schlechte Seite zu verbergen. Aber das Leben wollte mich bereichern. Das Leben wäre doch langweilig, wenn wir alle nur hübsch wären, lieb daherkämen, brav unseren Alltag erfüllten. Das Leben ist immer Yin und Yang. Und im düstersten Yin hatte ich mein hellstes Yang gefunden. Diese beiden Unschönheiten, in mir und in der Örtlichkeit der Parkhäuser, glichen sich ab und sagten einfach: „wir sind da, so what". Sie sind eben auch existent, aber müssen nicht den Alltag bestimmen.

Wir könnten uns mehr mit den Schattenseiten unseres Lebens dankbar auseinandersetzen, um das Licht zu empfangen. Die Schattenarbeit wird es ja auch in der psychologischen Aufarbeitung genannt. Ist das buddhistisch verstandene, uns immer begleitende Leid, die andere Seite der Medaille, nicht auch als Schatten zu verstehen? Trainieren wir uns im Schatten, so gelangen wir, gleich in welchem Nirgendwo wir uns befinden, zu unserem erfüllenden Nirvana. So finden alle Lebensphilosophien wieder zusammen.

Mit China verbinde ich heute sehr viel Schönes, Bereicherndes, Lehrendes, auch dank dieses KMs. Es haben sich Freundschaften gefestigt. Zwei meiner Masterkolleginnen möchte ich in meinem freudvollen Leben nicht mehr missen. Die Traditionen zu pflegen und die Moderne trotzdem zuzulassen, wie es in China gelebt wird, ist zu einer tiefen Überzeugung und Lebensphilosophie in meinem Leben geworden. Mein Chinasyndrom, auch wenn es immer wieder, besonders politisch begründet, auf die Probe gestellt wird, ist überwunden. Ich respektiere meine schlechten Seiten als Pendant für meine guten. Nur diese Gegensätzlichkeit macht mich vollkommen. Heute verberge ich nicht und kann mit gütiger Hingabe alle meine Eigenschaften ausleben, ohne verletzend zu werden.

Li Ling habe ich nur noch einmal zur gemeinsamen Master-Urkundenverleihung gesprochen. Nach dem Studium habe ich sie leider nicht wieder gesehen. Aber ihr stolzer Geist, ihr bescheidenes Auftreten, ihre friedvolle Hingabe ist in meinem Herzen verankert. In meinen täglichen Trainingseinheiten zur inneren Einkehr, um mich in den Aufnahmemodus für zukünftige KMs zu transformieren, taucht sie immer wieder mal auf. Sie wird mir immer Vorbild sein. Das Resümee der Geschichte: Lasst uns Vorbilder suchen. Oder besser noch, lasst uns selbst Eines sein. Trainieren wir uns darin.

Kapitel 9

Therapie auf der schönen blauen Donau

Therapie mit Hilfe von kosmischen Momenten will noch mehr an konkreten, alltagstauglichen Beispielen bewusst gemacht werden, damit das Verständnis und die Notwendigkeit dafür wächst, dass wir uns selbst helfen, beleuchten können. Durch eine Flusskreuzfahrt 2012 mit meiner Mutter auf der schönen blauen Donau bin ich wieder einmal therapiert, kuriert, kosmisch bereichert worden.

Kritiker*innen mögen vielleicht gelangweilt sein von meinem esoterischen Gequatsche. Sie werden sagen: „wer solche Visionen hat, soll tatsächlich zum Arzt gehen." Sie werden diese Zeilen in die Ecke werfen und sich wünschen, dass ich sie mit meinem eigenen Weltverständnis in Ruhe lassen möge. Ich würde entgegnen: „Dann habt ihr vielleicht gelesen aber nicht verstanden. Und wenn verstanden, dann seid ihr wohl nicht einverstanden?" Was kann ich tun, um jedes Schäflein mitzunehmen? Kosmische Momente sind wahre Therapie. Ich kann es bezeugen. So mache ich weiter, KMs zu sammeln und mich zu bereichern und mich weiter selbst zu therapieren, in der Hoffnung, dass wir uns einmal begegnen. Ein Austausch von Auge zu Auge, von Herz zu Herz. Von Haus aus bin ich nämlich ganz bodenständig, durch Garten-, Haus- und Praxisarbeit geerdet, detailverliebt auch in meinem Kunstverständnis und … katholisch.

Darf ich das eigentlich noch schreiben? Hat dieser Glaube sich nicht selbst demontiert? Im heutigen Verständnis vielleicht. Dennoch bildet meine Religion mein Werteverständnis ab. Gibt mit Halt und Struktur. Lässt mich nicht in negative Höhen oder bodenlose Tiefen abdriften. Ich bin heute stolz darauf, in so einem hochentwickelten Kulturkreis aufgewachsen zu sein. Die Grundfesten christlichen Glaubens sind Bestandteil meines erfolgreichen Lebens, wie ich finde. Und die Grundfesten halten dem Vergleich stand. Sind Ehrlichkeit, Authentizität, Hingabe, Wertschätzung, wie ich sie bisher aus der chinesischen Philosophie oder dem Buddhismus beschrieben habe, nicht auch religiöse christliche Werte? „O. k. Jetzt wechselt sie auch noch ins religiöse Fach" höre ich die Realos lamentieren. Weit gefehlt. Mein Gespür für Wurzeln möchte ich damit beleuchten. Gleich welcher Wurzeln wir uns besinnen, sie erden uns. Je größer und gesünder die Wurzel, um so beeindruckender die Pflanze, um so prachtvoller der Blütenstand. Wenn wir uns KMs zu eigen machen wollen, brauchen wir Gesundheit von der Wurzel an. Auch in der Entwicklungspsychologie (z.B. Kauai-Studie. Werner 2008) reift die Erkenntnis, dass es in der Kindheit mindestens einer Person bedarf, die sich kümmert. Dann haben die ärmsten der armen Kinder eine Chance darauf, Krisen ohne bleibenden Schaden zu überstehen. Sie erkennen, dass Fleiß und Beharrlichkeit ihre Lebensumstände verbessern. Sie lernen sich realistisch einzuschätzen und können langfristige Beziehungen eingehen. Mit dem Hintergrund mindestens eines stabilen Ankers, einer stabilen Wurzel, können sie glücklich werden. Für mich war es die Familie mit ihrem christlich-kulturellen Hintergrund. Dazu gehört, sich von den über die Lebenspanne angesammelten trockenen oder kranken Wurzelteilen zu trennen. Das beinhaltet wohl Lebenspflege schlechthin: gesunde Wurzeln ausbilden, krankhafte abstoßen. Schnipp schnapp und weg mit dem Ballast. Aufräumen nennen wir es nicht nur auf dem Schreibtisch.

Mein Bruder hat 2008 den Freitod gewählt. Nach kurzer Koma-Phase ist er dann im Alter von 47 Jahren verstorben. Das war sehr traurig. Vor allem unsere Mutter, hatte dadurch großen Herzschmerz. Solch ein Verlust ist nur mit bedingungslosem Vertrauen zu Höherem zu überstehen. Sie hat an ihrem Glauben festgehalten, hat Messen halten lassen, hat gebetet, hat viel geweint. Vor erst sechs Jahren musste sie ihren geliebten Mann beerdigen und nun ihren Sohn. Unerträglich eigentlich. Ihre schon beschriebene Affinität zur Spiritualität sowie Religiosität, meine Mutter trennte da nicht, hatte ihr ihr Überleben gesichert. Da gab es nun viele intensive gemeinsame Gespräche. Wenn man in diesem Zusammenhang überhaupt davon sprechen kann, waren es sehr schöne Gespräche. Nach oberflächlich tapferen, innerlich zermürbenden zwei Jahren Trauerzeit, hatte sie einem gemeinsamen Urlaub zu zweit zugestimmt. Nur sie und ich. Mit einem Jahr Planungszeit hatten wir ihn dann umgesetzt: Eine Donaukreuzfahrt vom Delta in Rumänien bis rauf nach Passau. Damals war sie 73 Jahre jung, fit wie ein Turnschuh, mit messerscharfem Verstand und wieder, nach diesem unerträglichen Todesereignis, die mir vertraute Mutter, wie ich sie liebte. Diese ganze Fahrt war eine Reise in ihre Vergangenheit. Ihre schönsten Jahre. Da gab es mich noch gar nicht. Sie erinnerte sich viel an ihre ersten Ehejahre. Heimatlos, weil sie als Kind aus Schlesien flüchten musste, war sie so überschwänglich glücklich mit ihrem westlichen Traummann, einem Naturburschen, einem selbstständigen Landwirt, ein gemeinsames Leben aufzubauen. Sie bei ihren Erzählungen wieder so fröhlich zu erleben, so lebendig, freute mich ungemein. Wir haben unsere gemeinsamen Erfahrungen mit den Verstorbenen, meinem Vater und Bruder, ihren geliebten Männern, Ehemann und Sohn, ausgetauscht. Wir merkten beide, dass auch darüber immer noch unbedingter Gesprächsbedarf vorhanden war. Und mit diesen dann tatsächlich überwiegend lustigen Stunden, beim

Canasta-Spiel oder Sightseeing, haben wir diesen trockenen Wurzelabschnitt abgekappt. Jede an ihrer eigenen Wurzel und doch gemeinsam. Diese ganzen 12 Tage nur für uns, waren wie in einer anderen Galaxie erlebt, wie unter einem strahlenden Stern: Ein zwölf Tage währender, friedvoller, kosmischer Moment.

Stimmen wir mit Johann Strauss II walzertanzend in „die schöne blaue Donau" ein. Dieser kosmische Moment der gemeinsamen Fahrt hat Wunden geleckt, Verletzungen geheilt. Er war reinste Therapie.

Kapitel 10

Die Berufung-ist-Freude-pur-Therapie

Eine weitere Therapieeinheit mit kosmischen Momenten in meinem Leben darf hier nicht unerwähnt bleiben. Kosmische Momente und die damit einhergehende pure Freude passieren täglich während meiner beruflichen Tätigkeit, die ich noch immer als Berufung verstehe.

Ich möchte damit auch einmal Danke sagen. Vielen Dank an meine treuen Klient*innen, meine Sportler*innen, meine Mitarbeiterinnen, alle Unterstützer*innen, besonders alle verordnenden Mediziner* innen meiner Praxis. Warum erwähne ich das hier? Wieso Therapieeinheit für mich, wo ich doch die Therapeutin bin? Wieso ist meine Arbeit im Zusammenhang mit kosmischen Momenten und damit mit Therapie für mich zu sehen? Die Antworten darauf sind nur universell, kosmisch zu erklären.

Ich empfinde heute mein Wirken, mein Helfen und Heilen, vornehmlich über meine Hände, als kosmische Fügung, besonders nach meinem eindrücklichen kosmischen Moment mit dem Pferd in Namibia. Das Talent meiner weisen Hände habe ich sicherlich, wie gleich im Weiteren erklärt, geerbt. Danke damit auch an meine Eltern, die mir eine unbeschwerte, geistreiche Kindheit bescherten, damit sich ein Talent formen konnte. Meine Hände wirken im Energieraum zwischen Himmel und Erde und folgen der Spur der menschlichen Natur. Sie können besser sehen als meine Augen. Sie agieren autark. So wie meine Eltern es vorlebten. Meine Eltern, Vater wie Mutter, agierten wie hypnotisiert, wenn es z. B. zum Ernten des edelsten aller Gemüse ging, dem Spargel. Mit einem besonderen Blick auf einen Erdhügel wussten sie genau zuzustechen. Um weiß und zart zu bleiben, muss Spargel geerntet werden, bevor er sichtbar aus der Erde sprießt. Das beherrschten beide in einer traumwandlerischen Leichtigkeit, die mich von klein auf faszinierte. Für mich in meiner Kindheit war es außerdem selbstverständlich, dass mein Vater gerufen wurde, um Wasseradern zu finden. Mit einer Wünschelrute, einem selbstgeschnitzten Weidenstock in Ypsilon-Form, zog er über Wiesen und Äcker, dem Wasser auf der Spur. Ich durfte oft dabei sein und fand es ganz normal, dass nach einigen Spatenstichen Wasser aus dem Boden sprudelte, dort wo die Wünschelrute ausschlug.

Außerdem brachte er mir das Melken bei. Tatsächlich beherrschte ich das wellengleiche Fingerspiel um die zwei mal zwei Zitzen unserer Kuh Elsa. Aber ihm zuzuschauen, wie er auf dem Melkschemel sitzend, mit aufrechtem Rücken, seinen behüteten Kopf an den warmen, im Winter dampfenden Leib, dieses majestätischen Tierkörpers anlehnte und während seines Fingerspiels, wie in Trance oder Meditation versank, war echt himmlisch. Ich höre noch den rhythmisch erschallenden Milchstrahl, der zielgenau den Milcheimer trifft. Elsa liebte diese magische Verbindung mit ihm, sie wedelte beschwingt mit ihrem Schwanz. Und ich schaute ihnen lieber zu, als selbst Hand anzulegen.

Ich sehe ihn heute noch in seinem Element. Mein Vater konnte zur Erntezeit durch seine Felder streifen mit ausgebreiteten Armen. Seine Handinnenflächen scannten dabei den Reifezustand der Kornähren. Als könnten sie ihm mitteilen, dass sie vom Stängel müssen. Nur mit der Übereinstimmung der äußeren Umstände, wie beispielsweise dem Wetter, zusammen mit dem Ergebnis aus dem Gespür der Hände, wurde das Getreide geerntet.

Fast ähnlich folgen heute meine Hände den Wasserrouten und Energiebahnen im menschlichen Gewebe. Meine Hände zeigen mir den Weg zu den Blockaden, nicht mein Verstand. Ich fühle, presse, zupfe, ziehe das Gewebe als träfe ich auf den frischesten Spargel, als würde Elsa schwanzwedelnd, schnurrend schnaufen oder das Getreide mir mitteilen, wie der Reifegrad ist. Das menschliche Gewebe ist für mich heute nicht anders zu bewerten, als das Gewebe anderer Lebensformen.

Für die eher menschliche Natur lebte meine Mutter das Gespür vor. Sie pflegte einen Gemüse- und Kräutergarten und konnte damit himmlische Gerichte zubereiten. Ihre Mutter, meine Oma, war schließlich Köchin im angesagten Hotelrestaurant seiner Zeit, dem Trompeterschlösschen in Dresden. Bei beiden, Mutter wie Oma, ging die Liebe durch den Magen und durch die Küche. Die Rezepte waren traditionell aber wurden auch schon mal abgewandelt. Im eigenen Lernprozess den Anweisungen zu folgen, um ein ebenso schmackhaftes Gericht zuzubereiten, war nicht immer leicht. Was genau ist eine „Prise" Salz, Pfeffern: „einmal so rum". Für die Sauce bereiten wir eine Mehlschwitze zu. Wie das? Die Einzige, die dabei das Schwitzen lernte, war ich.

Mayonnaise wurde nicht gekauft, die selbstgemachte war viel leckerer. Sauerkraut, wie Salzgurken auch, wurden in Steingut selber eingelegt. Gewürzgurken wurden mit den duftenden Kräutern eingekocht ebenso Früchte für die zukünftigen Nachtische. Marmeladen-Kochprozesse bedufteten das Haus. Erdbeeren, Himbeeren, eben auch der Spargel, grün wie weiß, Erbsen, Bohnen, alles kam auf den Tisch oder wurde in Gläser eingekocht, wenn es den Weg noch in die Küche schaffte und nicht vorher in die Fänge räuberischer Kindermäuler gelangte. Erntezeit im Garten war der Himmel auf Erden, ein Schlaraffenland kosmischer Art.

Meine Mutter war nicht nur eine hervorragende Köchin und eine geduldige Lehrmeisterin in diesem Fach, sie hatte auch Krankenpflege gelernt. Als Krankenschwester war es für sie hingebungsvolle Routine, Genesung zu unterstützen, aber auch Sterbevorgänge zu begleiten. Noch weit über ihr Berufsleben hinaus, ehrenamtlich selbstverständlich, praktizierte sie noch Letzteres. Sie war sich sicher, dass jede*r eine Begleitung für diesen Transformationsweg, wie sie ihn verstand, verdiente. Sie lag immer richtig, wenn ihr Dienst nicht mehr benötigt wurde. Sie konnte trotz dieser Aufgabe Urlaube planen, ohne auch nur einmal eine Stornierung vornehmen zu müssen.

Meine Kindheit bestand viel aus dieser Magie, ohne sie zu artikulieren. Dieses unaufdringliche, weise Empfinden für die Natur, sehe ich heute als größtes Erbe für mich und meine Hände. Meine Hände liefern natürliche Energie zum Ausgleich von körperlichen, emotionalen und psychischen Problemen. Es ist meine Intuition, der ich folge und die Hände lesen, lösen, liefern. Sie wirken aber nur, wenn beide Partner sich darauf einlassen. Das verlangt hingebungsvolles Vertrauen von den Hilfesuchenden. Deswegen höchsten Respekt und nochmals lieben Dank an meine Klientel dafür.

Mir ist ebenfalls bewusst, dass auch ich als therapeutische Akteurin nur Katalysatorin bin, nicht die Energielieferantin. Wie oben beschrieben: Nicht die Heilkunde heilt, sondern die Natur. Meine Eltern sind meine Talentgeber. Obwohl sie nun nicht mehr im Diesseits weilen, sind sie für mich präsent und beschützen mich auch weiterhin. So wie die Natur stets präsent ist und ein Schutzschild bildet. Sie, die Natur, sehe ich heute als meine Arbeitgeberin, der ich Rechenschaft ablegen darf, und nur ihr. Die Natur liefert mir den Auftrag, Energie auszugleichen.

Es passiert viel Unerklärliches, nicht Beweisbares, oft auch Unerwartetes in einer Therapieeinheit. Vielleicht schädigt das nun den mir vorauseilenden Ruf, aber viele Dinge, ein Kribbeln irgendwo, ein Vibrieren an unerwarteter Stelle, ein hilfreiches Lösen beispielsweise am Nacken, obwohl meine Hände am Fuß agieren, passieren einfach, sie sind für mich kosmisch. Ich erlaube mir solche Phänomene oft energetisch über ein verzweigtes Meridiane- und Akupunkturpunktenetz zu erklären, weil ich mir das Wissen dazu angeeignet habe und ich diese Vernetzung in uns für existent halte. Aber weiß ich es wirklich? Die schulmedizinischen Erklärungsversuche solcher Phänomene über eine Nervenreizweiterleitung, sind für mich jedenfalls, nach intensivstem Studium, nicht tragbar. Eine objektivierbare Beweisführung meiner Theorien dazu, bleibe ich meinem professionellen Gewissen und meinen mir Anvertrauten schuldig. Aber vielleicht ist gütige Achtsamkeit, menschliche Hingabe, handwerkliche Kunstfertigkeit auch etwas wenig Objektivierbares und damit etwas sehr einzigartig Schönes, weil es etwas besonders Subjektives darstellt. Subjektivität bedeutet doch: nur von diesem talentierten Menschen möglich gemacht. Und ich bin nicht allein. Es gibt viele erfolgreiche, talentierte Therapeut*innen, sowie auch Handwerker*innen und Künstler*innen, die auf Basis von Energie arbeiten, vielleicht sogar ohne, dass sie es ahnen. Es ist einfach Magie.

Magisch ist auch das Wirken in meinen Sportgruppen. Die Power, die diese körperlichen Übungen auf der Matte mit sich bringen, hängt in der Luft und überträgt sich auf alle, die trotz ihrer kleinen oder größeren Handicaps mitmachen. Und das Schöne ist, ich werde als Trainerin in dieser Stunde mit kosmischer Unterstützung zu einem Energieball transformiert. Ich brauche nicht über die Übungsauswahl nachzudenken, der Energieball gibt die Übungen vor. Die Teilnehmer*innen und deren aktuelle Befindlichkeiten inspirieren ihn. Ich gerate dabei in einen Flow. Diese Stunde vergeht wie im Flug. Jede Sportstunde ist ein kosmisches Fliegen. Ebenfalls unglaublich? Aber auch wahr.

Diese Magie, diese kosmischen Momente darf ich zusammen mit meinen Klient*innen jeden Tag erleben. Auch wenn ein Praxisalltag viele Schattenseiten mit sich bringt. Darüber aber nicht mehr. Irdisch nichtige Alltagsprobleme verhindern nämlich genau die Verbindung vom diesseitig Irdischen zum jenseitig Kosmischen. Dennoch, vielleicht gerade wegen dieser vielen Schattenseiten (wir erinnern uns an die Schattenarbeit und das buddhistische Leid), lohnt es sich jeden Tag für mich, mein Talent ausleben zu dürfen. Die Freude und Hingabe leben und meinen Lebensunterhalt damit verdienen zu dürfen, lassen mich ein Loblied auf meine Arbeit singen. Nur wer seinen Beruf als Berufung begreift, Freude vermittelt und empfängt, der therapiert sich täglich gegen alles Leid in seinem Leben. Heureka! Und nochmals Danke an alle Mitwirkenden, auch dem Universum!

Kapitel 11

Das süße Leben

Kosmische Momente zeigen uns, dass wir trotz reichlich und körperlich durchaus herausfordernder Arbeit widerstandsfähig sind und bleiben können. Aber auch das süße Leben, wie bereits bisher aus Urlauben etc. von mir beschrieben, fördert großzügig kosmische Momente, ermöglicht uns einen Zugriff auf das alternative Universum. Ist's time to reach a star. Es ist die Zeit, uns unter einem strahlenden Stern wiederzufinden, wir können zu den Sternen greifen oder ein Star werden, wenn wir uns nur darauf einlassen. Lassen wir alles wahr werden, was wir uns wünschen. Bleiben wir in der Aufmerksamkeit von kosmischen Momenten, so gelingt uns alles. Aus dem alternativen Universum erreichen wir eine neue Präsenz im Diesseits. Wer sagt eigentlich, dass das Diesseits nicht das alternative Universum ist? Oder anders gefragt: wer sagt uns denn, dass das alternative Universum nicht bereits im Diesseits existiert? Wir bestimmen die schwimmenden Grenzen. Anhand eines kosmischen Momentes im jenseitigen oder besser alternativen Universum und im diesseitigen zur gleichen Zeit, machen wir uns diese Grenzen fließend. Folgen wir diesem wellengleichen Flow. Wir brauchen uns nur auf den Weg zu machen. So sei hier eine letzte erleuchtende Reise beschrieben, wodurch mir wieder einmal größtes Glück kosmisch offenbart wurde.

Das himmlische Vergnügen dazu:

Kunst macht einfach sensationell glücklich. Italien. 2021. Wir Alle, wirklich Alle, weltweit, leben zu diesem Zeitpunkt in einem Ausnahmezustand. Corona-Pandemie. Und trotzdem machten wir zwei uns auf den Weg, oder gerade deswegen. Finde die Übereinstimmung. Ich machte mich mal wieder auf den Weg. Es gab ein Reise-Zeitfenster im Sommer, von dem wir alle nicht wussten, wie kurz es uns nur vergönnt sein sollte. Wir waren negativ, im Sinne des Positiven. Die offiziellen Corona-Tests bewiesen es. Es war heiß. Wir flogen nach Mailand. Wir, das waren diesmal meine Patennichte Emelie und ich. Zum einen freute ich mich unbeschreiblich, Zeit mit meiner Nichte zu verbringen, andererseits war es mein erstes Mal in Mailand. „Jedem Anfang liegt ein Zauber inne" (9): Juchhu!

Wir waren vorbereitet. Wir trugen sommerleichte Kleidung. Im Gepäck bei Emelie: ein super Abitur und die Freude auf die Modemetropole. Bei ihrer Tante im Visier: Vorfreude auf die zwei D-Punkt-V-Punkt-Erwartungen: Erstens La **Dolce Vita** und zweitens **Da Vinci'** s Abendmahl. Ein von mir langersehntes Kunsterlebnis sollte in Erfüllung gehen. Die zwei Tickets waren lange Zeit vorher online gebucht, um in jedem Fall Zutritt zu bekommen. Nun, wer Milano kennt, erwartet und bekommt auch wirklich dort la dolce Vita, das süße Leben. Damit unbedingt einher geht das leichte Leben: Mediterrane leichte Küche, eine leichte Brise, leichte Bekleidung, leichtes Zurechtfinden. Die modernen Kartenapps machten es möglich. Wir konnten alle unsere Ziele leichtfüßig per pedes erreichen. Dabei gingen wir die klassischen Touristenpfade der Innenstadt mit dem pulsierenden Straßenleben und auch Nachtleben. Ja, wir zwei ließen es uns einfach gutgehen, wir ließen uns treiben. Wir shoppten ein wenig, quatschten viel und hatten viel Spaß. Wir fanden aber auch in den Seitenstraßen kleine grüne Oasen der Ruhe. Einfach herrlich. Wir waren in einer losgelösten Stimmung.

Aber alles Schöne, auch das Süße, hat einmal ein Ende. So erwartete uns zum Abschluss mein absolutes Sightseeing Highlight: unser letztes Abendmahl. Dieses Mahl sättigte dann wohl eher meinen Hunger nach Kunstgenuss und weniger Emelie' s, geschweige denn ihren Magen. Wie gesagt, es war ja geplant. Die zwei Tickets warteten noch auf ihr Einlösen. Vielleicht, so dachte ich, liegt das Empfinden von Kunst in der Familie und falls nicht, wirkt es ansteckend und die Tante wird mal zur Entfacherin für etwas.

Jedenfalls ist Leonardo Da Vinci' s Abendmahl das wohl bekannteste, meistkopierteste Wandgemälde der Welt. Es befindet sich im Mailänder Dominikanerkloster Santa Maria delle Grazia. Ich hatte viel gelesen darüber, auch vor Ort gehört über die Umstände der Entstehung im Jahre 1494. Ehrfürchtige 530 Jahre ist es jetzt alt oder jung, wie man es sehen möchte. Dann der Aufwand des Erhaltens und Bewahrens, der im zweiten Weltkrieg betrieben wurde. Und nun der frische Zustand aktueller Restaurierungsarbeiten. Es sieht göttlich aus. Er, Gott, der es zugelassen hat, dass einer am Tisch sitzt, der Jesus, welcher von ihm zur Rettung der Menschheit auf die Erde geschickt wurde, verraten wird. Jesus wird seine Endlichkeit vor Augen geführt mit der gelassenen Gewissheit, dass seines Vaters göttliche Barmherzigkeit unendlich ist. Barmherzigkeit, was ist das eigentlich? Anteilnahme, Erbarmen, Herzensgüte, Mildtätigkeit, Mitgefühl, Nachsichtigkeit, Vergebung, Verzeihung etc.

All diese Attribute der Barmherzigkeit durchströmten mich in dem Moment der Zweisamkeit. Diesmal ist nicht die Zweisamkeit zwischen Emelie und mir gemeint, sondern die wirkliche, zweisame Verschmelzung mit diesem Kunstwerk und mir. Ich war berauscht von der Hingabe für dieses so detailgetreue Bild. All die Freuden und Leiden der Personen, die es abbildet, der Menschen die es erschufen, bisher bewunderten, erhielten, restaurierten, über die Jahrhunderte. All das vereinigte sich in einer großartigen Energie, in einen Feuerball der Liebe, die sich auf mich übertrug. Dieses nüchterne Refektorium, mit einer auf eine genaue Personenzahl festgelegten, minimalistisch eingerichteten, hölzernen Sitzbankgruppe, erstrahlte mit dem Gemälde Leonardos. Ich war berührt, aufgelöst vor Glück, wieder losgelöst von allem Irdischen in meinem alternativen Universum, den Sternen so nah. Da war er wieder, der kosmische Moment.

Im darauffolgenden Diesseits bemerkte ich Tränen, Erfüllung, Leichtigkeit und wieder absolutes Einssein mit Gott und der Welt. Dieser erfüllende Moment stellte sich aber nur bei mir ein. Emelie wusste nicht so recht auf meinen tränenreichen Zustand zu reagieren. Entfacht hatte ich bei ihr dadurch wohl eher Mitleid, weniger Kunstvergnügen.
Erst zwei Jahre später erfuhren Emelie und ich über ein gemeinsam erlebtes Webinar von Eckhard Tolle (10), dass jeder diesen Zugriff auf Ergriffenheit über ein Kunstwerk erreichen kann, wenn er zweimal hinschaut. Ein erstes Mal, um die Fakten hinter der Kunst aufzusaugen, wie ich es tat, indem ich mir viele Infos im Voraus über das Gemälde einholte. Vielleicht hätte ich damals Emelie an meinem Wissen teilhaben lassen sollen. Es formt sich eine Geschichte über die äußere Erscheinung, das mentale Gehirn fütternd. Und ein zweites Mal wird hingeschaut, um die Energie dahinter wahrzunehmen, das Naturhirn anzusprechen oder die „mythische Bindung", wie es der deutsche Maler Ernst Wilhelm Nay 1932 beschrieb. Nay erforschte die kosmischen Zusammenhänge zwischen Mensch und Natur hinter der äußeren Erscheinung. Sie sind da. Emelie konnte sie im Mailand-Moment vielleicht noch nicht sehen. Mit der Tolle-Webinar-Erwähnung zur Kunst empfanden wir gemeinsam

schönste Momente der Erinnerung. Unser Naturhirn war angesprochen und wir strahlten beide.

Nicht nur auf die körperlich irdische Weise auf Reisen zu gehen, ist also Voraussetzung für das Erleben von kosmischen Momenten. Wie auch wieder in diesem Beispiel erwähnt, ist Kunst ein hervorragendes Medium, um uns kosmische Momente zu bescheren, um uns zu bereichern und uns damit widerstandsfähiger gegen negative Einflüsse zu machen. Es ist und bleibt ein Glücksgefühl, Leichtigkeit, Trösten, Heilen, Strahlen!

Auch im Schaffen solcher Kunst liegt größte Energie. Wie bereits beschrieben, kann sie erschöpfend schöpferisch sein. Die Entdeckung der Leichtigkeit aus größter Schwermut ist den großen Kunstschaffenden vertraut. Durch diese Dialektik, die Gegensätzlichkeit, entsteht eine Anreicherung von Widerstandsfähigkeit und größtes Glück.

Kunstvolles, Schönes schaffen oder es wahrnehmen, ist auf jeden Fall auch eine Reise. In all meinen kosmischen Momenten habe ich es erfahren. Es ist eine Reise in unser Innerstes, was uns die Unendlichkeit offenbart. Wir verknüpfen Erfahrenes mit neu Interpretiertem. Wenn wir Kunst anschauen, lustwandeln wir auf den Pfaden und Ideen Anderer. Kunst ist somit eine Art auf den Weg machen, sowohl für die Schaffenden, als auch für die Staunenden.

Kapitel 12

Resümee

So lasse ich Dich zusammenfassend hoffentlich nicht nur staunend zurück, sondern angeregt, selber kosmische Momente anzusammeln. Reisen ist tatsächlich ein Starter für kosmische Momente. Dabei bedenke: Reisende kommen nicht an. Wie das Sprichwort schon sagt, sollte man Reisende nicht aufhalten, denn sie müssen sofort wieder aufbrechen. Etwas erreichen ist nicht das Ziel. Reisen bildet – uns, macht aus uns einen ausgeglicheneren Menschen. Dabei muss es keine räumliche Veränderung sein, dieses Auf-den-Weg-machen. Es ist ein nach Hause kommen, ein Reflektieren unseres neugierigen Wesens und unseres pulsierenden Herzschlags. Nicht die Sicherheit, sondern das Ungewisse befriedigt unsere kindliche Neugierde, treibt uns voran und führt uns zu kosmischen Momenten. Sie sind es, die uns und unsere Welt besser machen. Mit kosmischen Momenten gefüllt, fühlen wir uns lächelnd beflügelt, berufen, unsere Talente zu lieben und zu leben. So gelangen wir zu „mehr Glück als Verstand". Werden wir leicht, um uns auszudehnen. Mit dem Loslösen wandeln wir uns in den glücksumwobenen Lichtkörper, trinken vom freudespendenden Lebenselexier.

Hin zur Magie des Momentes ist der Weg zum Rausch unseres Lebens. Ich bin jedenfalls hin und weg von meinen kosmischen Momenten und freudvoller denn je.

Nun stellt sich nur noch die Frage: „wodurch fühlst Du Dich kindlich beglückt, beseelt und erstrahlt? Sei Dir Deines Leids bewusst, dennoch: las los! Schau nach vorn, in Dein gütiges

Innerstes, fühl, was sich darin regt! Entdecke Deine Talente und lebe danach und Deine Galaxie kosmischer Momente eröffnet sich für Dich und Deine Lieben.“

Dies verspricht:

Jutta von und zu Leichtfüßig. Lebend. Liebend. Leuchtend.

Ende?

Nur für diesen irdischen Moment.

Epilog

Bewegt durch die zwei kreativsten Kraftzonen des diesseitigen Universums: Berauscht von den Wellen der Nord (erney ´er) See und belebt von einem energiereichen „Zu Hause", schließe ich mit meinem prosaischen Verständnis für meinen Sinn des Lebens, das kosmische Universum anzunehmen.

Machen wir uns auf den Weg, körperlich, geistig wie seelisch, für ein langes und glückliches Leben. Inspiriert von Hermann Hesse' s „Stufen" (9), welche die Sehnsucht nach Veränderung bejubeln und von Friedemann Schulz von Thun' s Antwort darauf mit seinem „Stammsitz" (11), welcher bemerkenswert die Sehnsucht nach Verwurzelung erwidert, begründet sich meine Sehnsucht wohl unverkennbar im allumspannenden Bewegen, dem berauschend schönen, kosmischen Kreislauf des Lebens.

beWEGen

„ Und jedem Anfang liegt ein Zauber inne,
Der uns beschützt und der uns hilft" (9), weise zu leben,

Eine Stuf' des Weges hin zum Ende von dem Anfang, gleich beginne,
Die Harmonie dabei, oh Wunder der Natur, niemals verrinne.

Step by step, auf allen unseren Wegen,
Unsere Wurzeln, das Bewährte, stehen stand jeglich' Erbeben.

Gepflastert mit vertrautem, so wie tapferem Bestreben,
Kohärenz zum Herzen, liebevolle Menschlichkeit, uns ist gegeben.

Unvermeidlich Feenstaub daneben,
Besteht das Glück im geistigen wie körperlich' Bewegen!

So gewoben von der schöpferischen Seidenspinne,
Die Lebensader dann, das ew' ge Licht, uns ist besungen Minne...

Wohlan denn Mensch, gib Freude strahlend, einem würdevollen Abschied Sinne,
Mach Platz der Zauberkraft zum Neubeginne!

Jutta Streng

Quellennachweis

1. Van Lommel P. Endloses Bewusstsein. Neue medizinische Fakten zur Nahtoderfahrung. Deutsche Erstausgabe München: Knauer 2009
2. Loyd A. Johnson B. Der Healing Code. Die 6-Minuten-Heilmethode. Hamburg: Rowohlt 2016
3. Dispenza J. Deutschlandteam. Momonda GmbH. Rosenheim: 2019 https://drjoedispenza.info/s/Drjoedispenza/blog_muster_augeben_und_seine_realitaeten_veraendern_teil_2. Zugriff 12.10.2023 20.20 Uhr
4. Byrne R. „The secret" Das Geheimnis. München: Arkana 2007
5. Grönemeyer H. Kinder an die Macht. Album Sprünge: 1986
6. Loyd A. Johnson B. Der Healing Code. Die 6-Minuten-Heilmethode. Hamburg: Rowohlt 2016. 252
7. Lindgren A. Johansson J. Hey, Pippi Langstrumpf. Songtext Schweden/Deutschland: 1969
8. Dispenza J. Du bist das Placebo. Bewusstsein wird Materie. Burgrain: Koha. 2014
9. Hesse H. Taschenbuch-Ausgabe: Stufen. Ausgewählte Gedichte. Frankfurt am Main: Insel 2011
10. Tolle E. Gastdozent Flow Summit. https://www.flowsummit.net. Zugriff 11.03.2023 17.45 Uhr
11. Schulz von Thun F. Erfülltes Leben. Ein kleines Modell für eine große Idee. 3. Aufl. München: Hansa 2021.32